LOS ARTÍCULOS DE LA CONFEDERACIÓN

BRAY JACOBSON
TRADUCIDO POR ESTHER SARFATTI

Gareth Stevens
PUBLISHING

ENCONTEXTO

Please visit our website, www.garethstevens.com. For a free color catalog of all our high-quality books, call toll free 1-800-542-2595 or fax 1-877-542-2596.

Library of Congress Cataloging-in-Publication Data

Names: Jacobson, Bray, author.
Title: Los Artículos de la Confederación / Bray Jacobson.
Description: New York : Gareth Stevens Publishing, 2018. | Series: Conoce la historia de Estados Unidos | Includes index.
Identifiers: LCCN 2016037130| ISBN 9781538249505 (pbk. book) |
ISBN 9781538249512 (library bound book)
Subjects: LCSH: United States. Articles of Confederation. | Constitutional history--United States--18th century.
Classification: LCC KF4508 .J33 2018 | DDC 342.7302--dc23
LC record available at https://lccn.loc.gov/2016037130

First Edition

Published in 2020 by
Gareth Stevens Publishing
111 East 14th Street, Suite 349
New York, NY 10003

Translator: Esther Sarfatti
Designer: Samantha DeMartin
Editor: Kristen Nelson

Photo credits: Series art Christophe BOISSON/Shutterstock.com; (feather quill) Galushko Sergey/Shutterstock.com; (parchment) mollicart-design/Shutterstock.com; cover, p. 1 (left article) the government of the United States/Wikimedia Commons; cover, p. 1 (right article) The National Archive/Wikimedia Commons; p. 5 Hulton Archive/Hulton Archive/Getty Images; p. 7 GraphicaArtis/Archive Photos/Getty Images; p. 9 The White House Historical Association/Wikimedia Commons; pp. 11, 19, 23 (main) courtesy of the Library of Congress; p. 13 New York Public Library/Wikimedia Commons; p. 15 MPI/Archive Photos/Getty Images; p. 17 courtesy of FCIT/ http://etc.usf.edu/maps; p. 21 UniversalImagesGroup/Universal Images Group/Getty Images; p. 23 (inset) U.S. Post Office/Wikimedia Commons; p. 25 kateukraine/Shutterstock.com; p. 27 Hulton Archive/Archive Photos/Getty Images; p. 29 Bettmann/Bettmann/Getty Images.

Printed in the United States of America

CPSIA compliance information: Batch #CS17GS: For further information contact Gareth Stevens, New York, New York at 1-800-542-2595.

CONTENIDO

Las palabras del glosario se muestran en **negrita** la primera vez que aparecen en el texto.

LOS CONGRESOS

El Primer Congreso Continental se reunió en Filadelfia, Pensilvania, en septiembre de 1774. Asistieron **representantes** de doce de las trece colonias británicas. Los colonos creían que Inglaterra los controlaba demasiado y querían tener más voz en el Gobierno. Pero el rey británico no les prestó atención.

SI QUIERES SABER MÁS

En abril de 1775, tuvieron lugar las batallas de Lexington y Concord, las primeras de la guerra de Independencia.

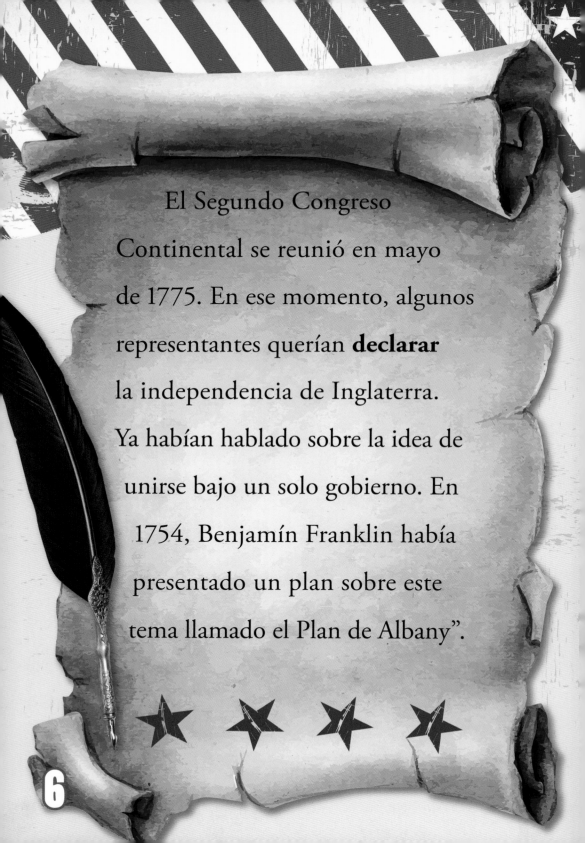

El Segundo Congreso Continental se reunió en mayo de 1775. En ese momento, algunos representantes querían **declarar** la independencia de Inglaterra. Ya habían hablado sobre la idea de unirse bajo un solo gobierno. En 1754, Benjamín Franklin había presentado un plan sobre este tema llamado el Plan de Albany".

SI QUIERES SABER MÁS

Según el Plan de Albany, las colonias se gobernarían a sí mismas, pero seguirían respondiendo ante el rey de Inglaterra.

Segundo Congreso Continental

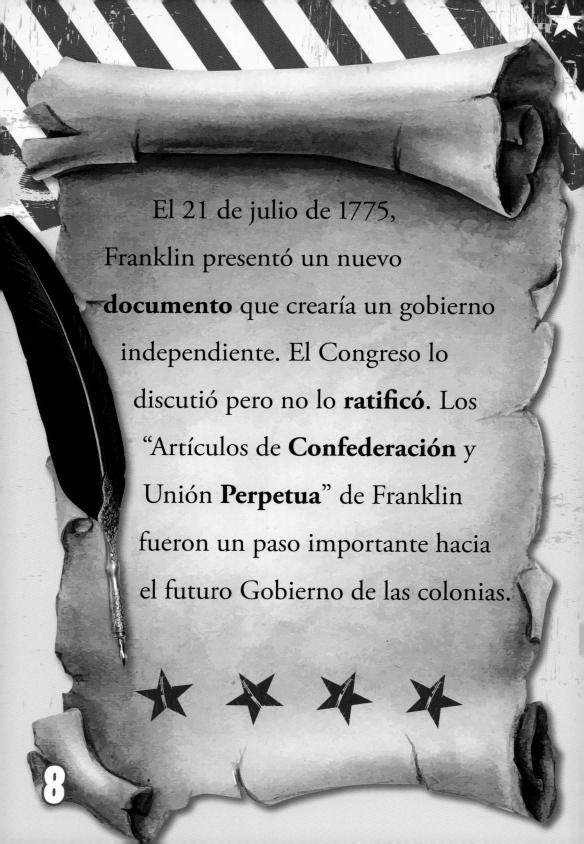

El 21 de julio de 1775, Franklin presentó un nuevo **documento** que crearía un gobierno independiente. El Congreso lo discutió pero no lo **ratificó**. Los "Artículos de **Confederación** y Unión **Perpetua**" de Franklin fueron un paso importante hacia el futuro Gobierno de las colonias.

Benjamín Franklin

SI QUIERES SABER MÁS

Durante la guerra de Independencia (1775-1783),
el Congreso Continental fue la voz de las colonias para
Inglaterra. También sirvió de Gobierno durante ese tiempo.

LA RESOLUCIÓN DE LEE

No fue hasta el 7 de junio de 1776 que el Congreso comenzó a considerar otro plan para la independencia. La **Resolución** de Lee sugería que se **redactaran** tres documentos, de los cuales uno sería un "plan de confederación". El Congreso creó un comité para que redactara este plan.

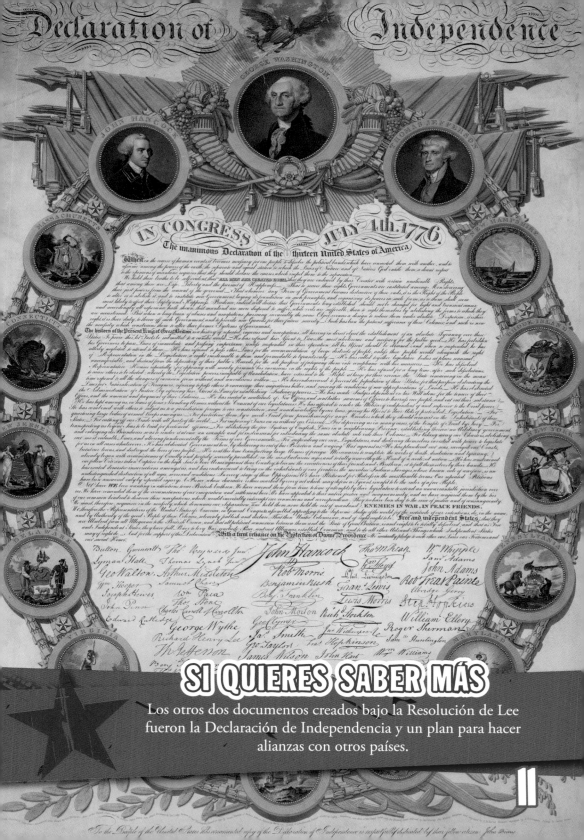

SI QUIERES SABER MÁS

Los otros dos documentos creados bajo la Resolución de Lee fueron la Declaración de Independencia y un plan para hacer alianzas con otros países.

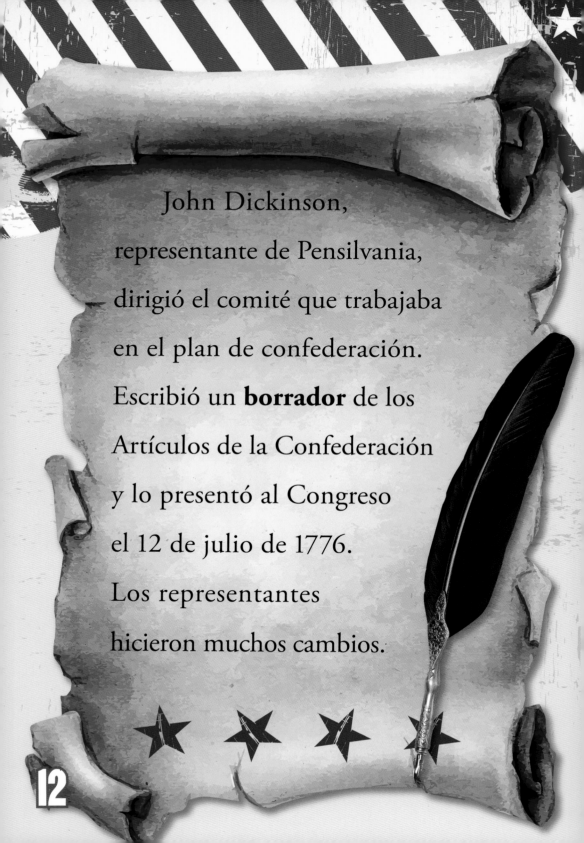

John Dickinson, representante de Pensilvania, dirigió el comité que trabajaba en el plan de confederación. Escribió un **borrador** de los Artículos de la Confederación y lo presentó al Congreso el 12 de julio de 1776. Los representantes hicieron muchos cambios.

John
Dickinson

SI QUIERES SABER MÁS

En el primer borrador de los artículos, los representantes
no se ponían de acuerdo acerca de los impuestos,
la representación en el Congreso y el manejo
de los territorios del oeste.

13

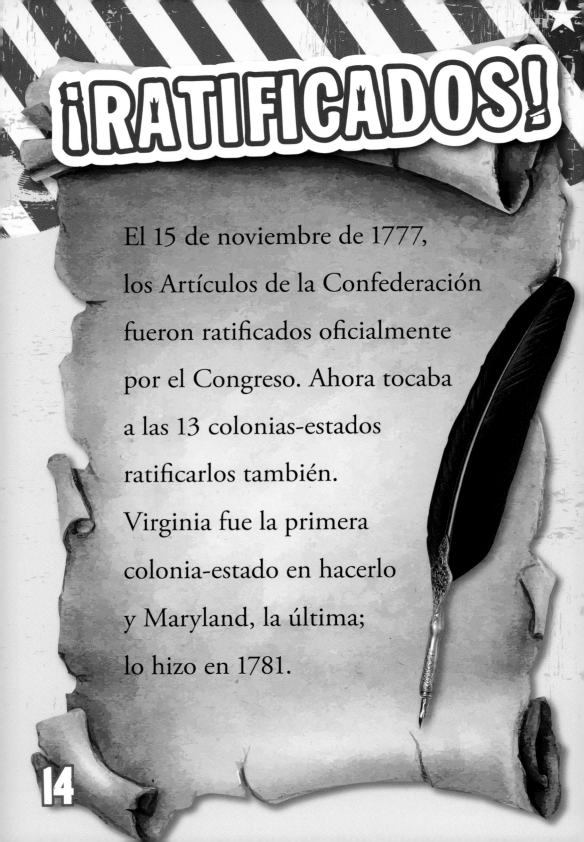

¡RATIFICADOS!

El 15 de noviembre de 1777, los Artículos de la Confederación fueron ratificados oficialmente por el Congreso. Ahora tocaba a las 13 colonias-estados ratificarlos también. Virginia fue la primera colonia-estado en hacerlo y Maryland, la última; lo hizo en 1781.

ARTICLES

OF

Confederation

AND

Perpetual Union

BETWEEN THE *S. H. M.*

STATES

OF

NEW-HAMPSHIRE, MASSACHUSETTS-BAY, RHODE-ISLAND AND PROVIDENCE PLANTATIONS, CONNECTICUT, NEW-YORK, NEW-JERSEY, PENNSYLVANIA, DELAWARE, MARYLAND, VIRGINIA, NORTH-CAROLINA, SOUTH-CAROLINA AND GEORGIA.

SI QUIERES SABER MÁS

El cambio más grande en el documento final fue que los estados tenían más poder que el Gobierno central o nacional. El borrador otorgaba más poder al Gobierno central.

15

LOS ARTÍCULOS

Los Artículos de la Confederación tenían 13 partes o artículos. El primer artículo daba el nombre de "Estados Unidos" al país. El artículo 2 hacía libres a los estados y les daba poderes que no tenía el Gobierno central. Según el artículo 3, los estados se unirían para enfrentar a sus enemigos.

SI QUIERES SABER MÁS

El artículo 4 indicaba que todas las personas que vivían en Estados Unidos debían ser tratadas justamente, sin importar en qué estado estuvieran.

THE STATES
AND THEIR LAND CLAIMS
AT CLOSE OF REVOLUTION.

SCALE OF STATUTE MILES

El artículo 5 establecía el Congreso. Otorgaba a los estados entre dos y siete representantes, los cuales podrían ocupar sus cargos durante tres de cada seis años. Los representantes votarían juntos, dando a cada estado un voto en el Congreso.

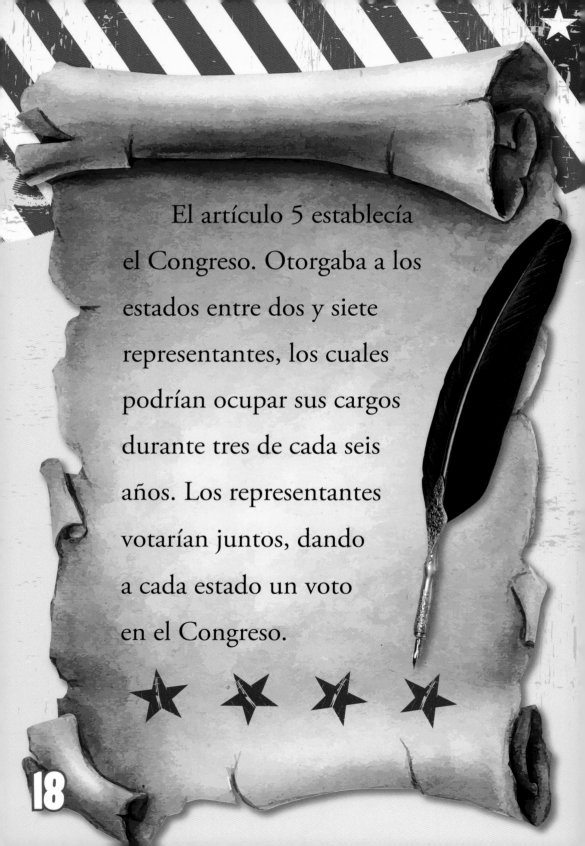

Hampſhire, Maſſachuſetts Bay, Rhode iſland and Providence plantations, Connecticut, New York, New Jerſey, Pennſylvania, Delaware, Maryland, Virginia, North Carolina, South Carolina, and Georgia.

SI QUIERES SABER MÁS

El artículo 9 definía los poderes del Congreso, entre ellos declarar la guerra y solucionar los desacuerdos entre los estados.

whatever.

ART. IV. The better to ſecure and perpetuate mutual friendſhip and intercourſe among the people of the different ſtates in this union, the free inhabitants of each of theſe ſtates, (paupers, vagabonds, and fugitives from juſtice, excepted) ſhall be entitled to all privileges and immunities of free citizens in the ſeveral ſtates; and the people of each ſtate ſhall have free ingreſs and regreſs to and from any other ſtate, and ſhall enjoy therein all the privileges of trade and commerce, ſubject to the ſame duties, impoſitions, and reſtrictions, as the inhabitants thereof reſpectively. Provided that ſuch reſtrictions ſhall not extend ſo far as to prevent the removal of property imported into any ſtate to any other ſtate of which the owner is an inhabitant; provided alſo, that no impoſition, duties, or reſtriction, ſhall be laid by any ſtate on the property of the United States, or either of them.

If any perſon guilty of or charged with treaſon, felony, or other high miſdemeanor, in any ſtate, ſhall flee from juſtice, and be found in any of the United States, he ſhall, upon demand of the Governour or executive power of the ſtate from which he fled, be delivered up, and removed to the ſtate having juriſdiction of his offence.

Full faith and credit ſhall be given in each of theſe ſtates to the records, acts, and judicial proceedings, of the courts and magiſtrates of every other ſtate.

ART. V. For the more convenient management of the general intereſts of the United States, delegates ſhall be annually appointed, in ſuch manner as the legiſlature of each ſtate ſhall direct, to meet in Congreſs on the firſt *Monday* in *November*, in every year, with a power reſerved to each ſtate to recall its delegates, or any of them, at any time within the year, and to ſend others in their ſtead for the remainder of the year.

No ſtate ſhall be repreſented in Congreſs by leſs than two, nor by more than ſeven, members; and no perſon ſhall be capable of being a delegate for more than three years, in any term of ſix years; nor ſhall any perſon, being a delegate, be capable of holding any office under the United States, for which he, or another for his benefit, receives any ſalary, fees, or emolument of any kind.

Each ſtate ſhall maintain its own delegates in a meeting of the ſtates, and while they act as members of the committee of the ſtates.

In determining queſtions in the United States, in Congreſs aſſembled, each ſtate ſhall have one vote.

Freedom of ſpeech and debate in Congreſs ſhall not be impeached or queſtioned in any court, or place, out of Congreſs; and the members of Congreſs ſhall be protected in their perſons from arreſts and impriſonments during the time of their going to and from and attendance on Congreſs, except for treaſon, felony, or breach of the peace.

ART. VI. No ſtate, without the conſent of the United States in Congreſs aſſembled, ſhall ſend any embaſſy to or receive any embaſſy from, or enter into any conference, agreement, alliance, or treaty with, any king, prince, or ſtate; nor ſhall any perſon holding any office of profit or truſt under the United States, or any of them, accept of any preſent, emolument, office, or title of any kind whatever, from any king, prince, or foreign ſtate; nor ſhall the United States in Congreſs aſſembled, or any of them, grant any title of nobility.

No two or more ſtates ſhall enter into any treaty, confederation, or alliance whatever, between them, without the conſent of the United States in Congreſs aſſembled, ſpecifying accurately the purpoſes for which the ſame is to be entered into, and how long it ſhall continue.

No ſtate ſhall lay any impoſts or duties which may interfere with any ſtipulations in treaties entered into by the United States, in Congreſs aſſembled, with any king, prince, or ſtate, in purſuance of any treaties already propoſed by Congreſs to the courts of *France* and *Spain*.

No veſſels of war ſhall be kept up in time of peace by any ſtate, except ſuch number only, as ſhall be deemed neceſſary by the United States, in Congreſs aſſembled, for the defence of ſuch ſtate, or its trade; nor ſhall any body of forces be kept up by any ſtate in time of peace, except ſuch number only, as, in the judgment of the United States, in Congreſs aſſembled, ſhall be deemed requiſite to garriſon the forts neceſſary for the defence of ſuch ſtate; but every

19

LOS ESTADOS

Según el artículo 6, los estados no podían formar **alianzas** ni tener fuerzas armadas **permanentes**, aunque sí podían tener **milicias**. El artículo 7 señalaba que los estados podían elegir a los líderes de menor rango en las milicias. El artículo 8 describía cómo el Gobierno podría obtener dinero a través de impuestos estatales.

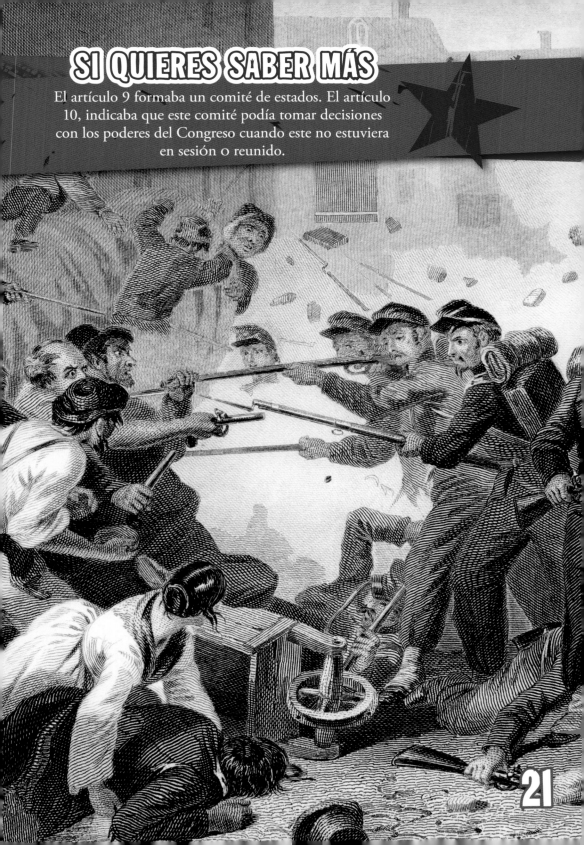

El artículo 9 formaba un comité de estados. El artículo 10, indicaba que este comité podía tomar decisiones con los poderes del Congreso cuando este no estuviera en sesión o reunido.

El artículo 11 hacía posible admitir estados nuevos, siempre que tres cuartas partes de los estados estuvieran de acuerdo. En el artículo 12 se prometía que el nuevo país devolvería el dinero que le habían prestado otros países antes de que se redactaran los Artículos de la Confederación.

El artículo 13 declaraba que el documento era la ley suprema del país, pero que se podía cambiar o enmendar, si todos los estados ratificaban los cambios.

on by the United States, in Congrefs affembled, bled, fhall, on confideration of circumftances, ju or fhould raife a fmaller number than its quota number of men than the quota thereof, fuch e armed, and equipped, in the fame manner as fuch ftate fhall judge that fuch extra number c cafe they fhall raife, officer, clothe, arm, an judge can be fafely fpared. And the officer fhall march to the place appointed, and within Congrefs affembled.

The United States, in Congrefs affembled, marque and reprifal, in time of peace, nor enter into any treaties or alliances, nor regulate the value thereof, nor afcertain the fums and expenfes neceffary for the defence and welfare of the United States, or any of them, nor emit bills, nor borrow money on the credit of the United States, nor appropriate money, nor agree upon the number of veffels of war to be built or purchafed, or the number of land or fea forces to be raifed, nor appoint a commander in chief of the army or navy, unlefs nine ftates affent to the fame; nor fhall a queftion on any other point, except for adjourning from day to day, be determined, unlefs by the votes of a majority of the United States, in Congrefs affembled.

The Congrefs of the United States fhall have power to adjourn to any time within the year, and to any place within the United States, fo that no period of adjournment be for a longer duration than the fpace of fix months, and fhall publifh the journal of their proceedings monthly, except fuch part thereof relating to treaties, alliances, or military operations, as in their judgment require fecrecy; and the yeas and nays of the delegates of each ftate on any queftion fhall be entered on the journal, when it is defired by any delegate; and the delegates of a ftate, or any of them, at his or their requeft, fhall be furnifhed with a tranfcript of the faid journal, except fuch parts as are above excepted, to lay before the legiflatures of the feveral ftates.

Art. X. The committee of the ftates, or any nine of them, fhall be authorifed to execute in the recefs of Congrefs, fuch of the powers of Congrefs as the United States, in Congrefs affembled, by the confent of nine ftates, fhall from time to time think expedient to veft them with; provided, that no power be delegated to the faid committee, for the exercife of which by the articles of confederation, the voice of nine ftates, in the Congrefs of the United States affembled, is requifite.

Art. XI. Canada acceding to this confederation, and joining in the meafures of the United States, fhall be admitted into, and entitled to, all the advantages of this union; but no other colony fhall be admitted into the fame, unlefs fuch admiffion be agreed to by nine ftates.

Art. XII. All bills of credit emitted, monies borrowed, and debts contracted by or under the authority of Congrefs, before the affembling of the United States, in purfuance of the prefent confederation, fhall be deemed and confidered as a charge againft the United States, for payment and fatisfaction whereof the faid United States, and the publick faith, are hereby folemnly pledged.

Art. XIII. Every ftate fhall abide by the determinations of the United States, in Congrefs affembled, on all queftions which by this confederation are fubmitted to them. And the articles of this confederation fhall be inviolably obferved by every ftate, and the union fhall be perpetual; nor fhall any alteration at any time hereafter be made in any of them, unlefs fuch alteration be agreed to in a Congrefs of the United States, and be afterwards confirmed by the legiflatures of every ftate.

THESE articles fhall be propofed to the legiflatures of all the United States, to be confidered; and if approved by them, they are advifed to authorife their delegates to ratify the fame in the Congrefs of the United States, wh

By order of Congrefs

LOS ARTÍCULOS EN ACCIÓN

Una vez unidas las colonias como estados bajo los Artículos de la Confederación, el nuevo Gobierno solucionó las disputas sobre los territorios del oeste. El Congreso aprobó la Ordenanza Noroeste en 1787, la cual explicaba cómo los territorios podían convertirse en estados. Sin embargo, el Gobierno central no tenía suficiente poder.

Los Artículos de la Confederación daban tanto poder a los estados, en parte porque muchos colonos sentían más lealtad hacia su colonia, ahora convertida en estado, que al nuevo país.

TERRITORIOS DEL NOROESTE 1787

CANADÁ BRITÁNICA

MINESOTA

WISCONSIN

MICHIGAN

LUISIANA ESPAÑOLA

Río Misisipi

ILLINOIS

INDIANA

OHIO

Río Ohio

ESTADOS UNIDOS

Fecha en que se hicieron estados

Ohio: 1803

Indiana: 1816

Illinois: 1818

Michigan: 1837

Wisconsin: 1848

Minesota: 1858

25

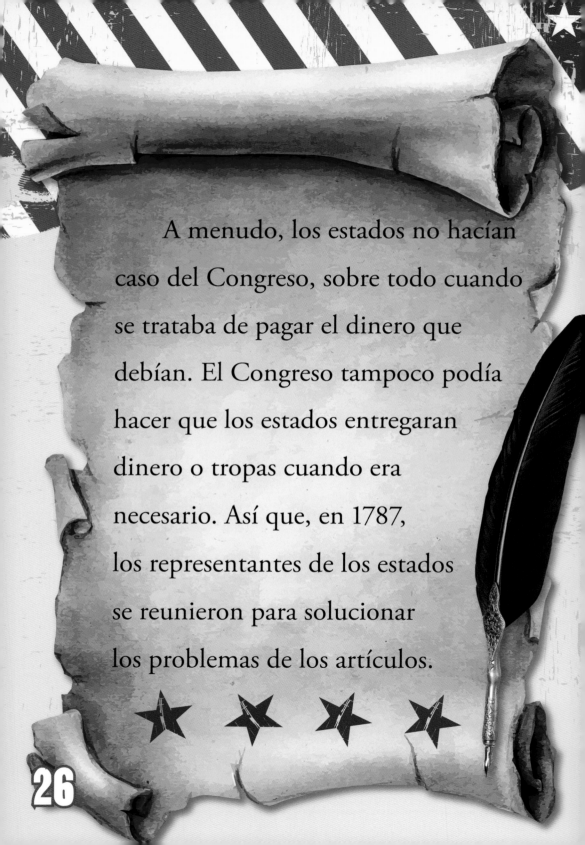

A menudo, los estados no hacían caso del Congreso, sobre todo cuando se trataba de pagar el dinero que debían. El Congreso tampoco podía hacer que los estados entregaran dinero o tropas cuando era necesario. Así que, en 1787, los representantes de los estados se reunieron para solucionar los problemas de los artículos.

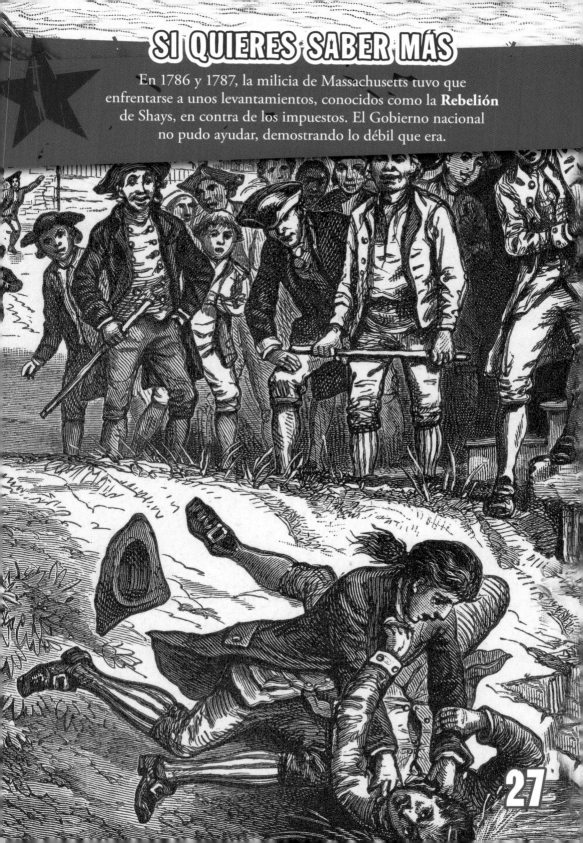

En 1786 y 1787, la milicia de Massachusetts tuvo que enfrentarse a unos levantamientos, conocidos como la **Rebelión de Shays**, en contra de los impuestos. El Gobierno nacional no pudo ayudar, demostrando lo débil que era.

LA CONVENCIÓN

Pronto se dieron cuenta de que los artículos no tenían arreglo. Entonces la reunión se convirtió en la **Convención** Constitucional. La Constitución de Estados Unidos entró en vigencia el 4 de marzo de 1789. Aunque no duraron mucho tiempo, los Artículos de la Confederación fueron un paso importante hacia el Gobierno que tenemos hoy.

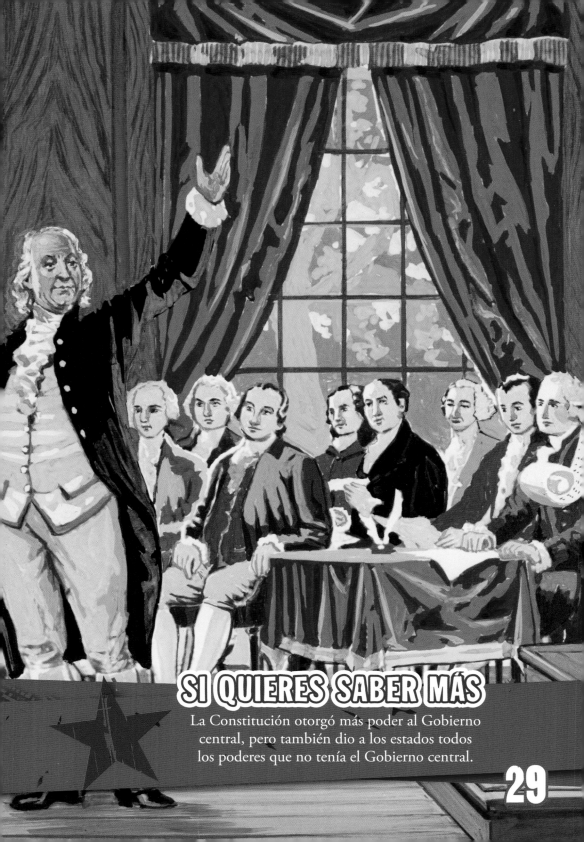

SI QUIERES SABER MÁS

La Constitución otorgó más poder al Gobierno central, pero también dio a los estados todos los poderes que no tenía el Gobierno central.

LÍNEA DEL TIEMPO DE LOS ARTÍCULOS DE LA CONFEDERACIÓN

5 de septiembre de 1774

Comienza el Primer Congreso Continental.

5 de mayo de 1775

Comienza el Segundo Congreso Continental.

7 de junio de 1776

Se presenta la Resolución de Lee.

2 de julio de 1776

El Congreso aprueba la Declaración de Independencia.

12 de julio de 1776

El primer borrador de los Artículos de la Confederación se presenta al Congreso.

15 de noviembre de 1777

El Congreso Continental adopta los Artículos de la Confederación.

1 de marzo de 1781

Maryland es el último estado en ratificar los Artículos.

25 de mayo de 1787

Comienza la Convención Constitucional.

4 de marzo de 1789

La Constitución de Estados Unidos toma el lugar de los Artículos.

GLOSARIO

alianza: acuerdo entre dos o más grupos que trabajan juntos.

borrador: versión temprana de un documento.

confederación: unión de personas o estados que se apoyan unos a otros y actúan juntos.

convención: reunión de personas que tienen un interés o propósito común.

declarar: decir o anunciar.

documento: escrito formal.

milicia: grupo de ciudadanos que se organizan como soldados para protegerse.

permanente: que no se puede cambiar o quitar.

perpetuo: que dura para siempre.

ratificar: ponerse de acuerdo formalmente en algo.

rebelión: lucha para derrocar un gobierno.

redactar: escribir un documento.

representante: alguien que actúa en nombre de un grupo de personas.

resolución: declaración de propósitos sobre la cual vota un grupo.

PARA MÁS INFORMACIÓN

Libros

Clay, Kathryn. *The U.S. Constitution: Introducing Primary Sources*. North Mankato, MN: Capstone Press, 2016.

Maloof, Torrey. *We the People: Founding Documents*. Huntington Beach, CA: Teacher Created Materials, 2017.

Sitios de Internet

The Articles of Confederation

congressforkids.net/Independence_articles.htm
Descubre información importante acerca de esta constitución temprana de Estados Unidos.

Nota del editor para educadores y padres: nuestro personal especializado ha revisado cuidadosamente estos sitios web para asegurarse de que son apropiados para los estudiantes. Muchos sitios web cambian con frecuencia, por lo que no podemos garantizar que posteriores contenidos que se suban a esas páginas cumplan con nuestros estándares de calidad y valor educativo. Tengan presente que se debe supervisar cuidadosamente a los estudiantes siempre que tengan acceso al Internet.

ÍNDICE